Les colères
et les pleurs de bébé

40, avenue Saint-Jacques – 91600 Savigny-sur-Orge

ISBN : 979-10-90398-96-2

Les colères et les pleurs de bébé

Marthe Barraco-De Pinto

À ceux qui m'ont inspirée
et accompagnée au fil des pages :
Laurent-Émilie et Élisabeth,
Bernadette, Sophie, Magali, Christine et Mireille.

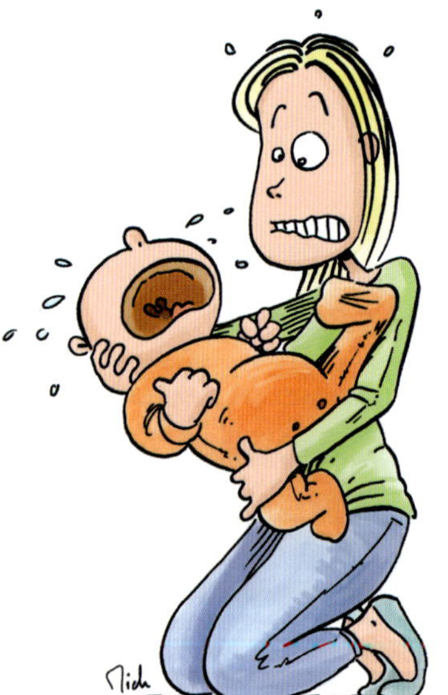
Mich

Introduction

Bébé arrive. Dans les salles de naissance aujourd'hui, ce ne sont plus des cris déchirants qui marquent cette venue : ceux des mères sont oubliés depuis les années 1950 avec « la préparation à l'accouchement sans douleur » introduite par le Docteur Lamaze, qui a rendu la femme plus active et plus à même de gérer les sensations intenses produites par les contractions utérines durant le « travail ». Actuellement, avec les différentes techniques de détente apportées par les préparations et surtout l'utilisation de « la péridurale », en anesthésie locale, le climat est plus serein. Nous n'attendons plus les hurlements du bébé, non plus. Son premier contact avec le monde aérien est accompagné dans la douceur, même si, déplier les poumons pour prendre sa première respiration reste un moment essentiel, peut-être déconcertant pour le bébé, dont le premier cri est attendu par les adultes tout autour, avec une certaine tension.

La naissance a-t-elle été une trop grande épreuve pour le bébé ? A-t-il souffert ? Est-ce un traumatisme pour lui ? Nous ne pouvons que faire des hypothèses… quand le nouveau-né arrive tout détendu, peut-être pas ; quand il est tout crispé et crie, peut-être. Le passage de la vie aquatique utérine à la vie aérienne est sans doute une surprise à laquelle il doit faire face très brusquement.

Est-ce cette première expérience qui a conduit de nombreuses civilisations à produire des textes fondateurs qui décrivent un déluge aux temps anciens ? Comme dans la *Bible* ou dans les récits antérieurs de Mésopotamie (*Gilgamesh*). Plusieurs auteurs[1] font un lien entre ces récits mythiques et cette arrivée au monde…

Voilà les premiers cris du petit de l'homme.

D'autres cris, des pleurs et des colères suivront au cours de sa jeune vie.

Parce que l'on considère le bébé comme une personne et non plus comme un tube digestif, tout ce qu'il exprime nous intéresse. Le bébé se donne à voir par ses manifestations corporelles. Bien avant l'apparition du langage parlé, il « parle » pourrait-on dire avec son corps. Les mères, les parents et les professionnels émettent des hypothèses à partir de ce qu'ils voient de lui. C'est ainsi qu'ils interprètent la vie psychique naissante du bébé en

1. François Dor, *Le livre de l'ancien Monde*, Thaïlande, Eden House, 2011.

reliant ce qu'ils voient des réactions de l'enfant avec ce qu'il doit éprouver.

Depuis ces cinquante dernières années, les observations minutieuses de chercheurs et de cliniciens de différentes disciplines ont permis de mieux comprendre cette construction du psychisme du bébé. Aujourd'hui nous connaissons aussi un peu mieux le fonctionnement du cerveau qui permet l'avènement de son intelligence et une compréhension du monde qui l'entoure, ainsi que l'organisation de son affectivité et de ses émotions.

Ce développement général ne peut se réaliser correctement que dans un bain humanisant étant donné l'immaturité globale du bébé à sa naissance. C'est donc dans le cadre de ses interactions avec son environnement, essentiellement ses parents et les personnes qui prennent soin de lui, que le bébé ressent et se met à penser. La qualité de ces échanges, leur régularité, leur fiabilité vont lui permettre de s'épanouir.

Les cris, les pleurs et les colères du bébé et du jeune enfant sont à considérer dans ce contexte.

Le tout-petit

Aux premiers temps de la vie

La naissance du bébé est un événement important, bouleversant pour les parents, la famille et le bébé, que ce soit au niveau affectif, émotionnel ou physiologique. Le nouveau-né doit faire connaissance avec le milieu aérien et des stimulations inédites : il connaissait les voix familières de l'entourage de sa mère et la sienne, les goûts des aliments habituels qui le nourrissaient en continu à travers le cordon ombilical et les rythmes des déplacements maternels. Il découvre l'air, la respiration, le vide autour de lui, les sensations de froid, de faim, de soif et il voit !

Si le nouveau-né peut être mis au sein immédiatement, il retrouve de la sécurité : peau à peau, il ressent de la chaleur avec une température autour de 37 °C comme *in utero*, la succion du sein l'apaise et l'odeur de sa mère l'enveloppe, pendant que ses bras l'entourent.

À ce moment précis de la naissance du bébé, la mère est fatiguée des efforts fournis pendant l'accouchement, mais elle et le père sont débordants d'émotion. C'est un instant de rencontre intense dont il faut protéger l'intimité.

Pendant le séjour à la maternité, la mère et le père font connaissance avec le nouveau-né. Toucher le corps d'un si petit bébé pour le changer est délicat, l'un et l'autre ont besoin de soutien réciproque, surtout quand ils ressentent de l'appréhension et que le bébé réagit en manifestant du désagrément par des grimaces, des gémissements ou des pleurs.

Le bébé imaginaire

Cet enfant qui vient de naître a d'abord existé dans la tête de ses parents. À sa naissance, ils ont à faire avec ce bébé « de chair », nouveau et différent du bébé imaginé.

Dans le psychisme de chaque parent, leur enfant porte la suite du vœu oedipien inconscient de leur jeune âge, du temps où ils ont chacun désiré avoir leur parent de sexe opposé comme amoureux et concevoir un bébé avec lui. Le déplacement de ce désir s'est porté sur leur partenaire actuel. Dans le cours des générations qui passent, cet enfant va prendre place. Désiré ou pas dans son sexe par exemple, il porte des illusions qui vont à la fois être stimulantes et anticipatrices de son développement, mais quelquefois pesantes pour lui. Il est souvent porteur de promesses, de rêves. Le bébé est un grand réceptacle d'illusions. L'enfant imaginaire est idéal, forcément merveilleux. Si le bébé qui se présente s'avère très éloigné de cet enfant imaginaire, il peut y avoir des ajustements difficiles entre lui et ses parents. On pourrait penser que ce problème risquerait d'apparaître quand l'enfant est porteur d'une maladie ou d'un handicap, mais pas forcément, car la plupart des parents se recentrent sur la réalité de l'enfant, quelle qu'elle soit et y font face quand il faut.

Ce bébé porte aussi des vœux inconscients plus anciens de ses parents, de retrouver ce « paradis perdu » d'un temps primitif avec leur propre mère, temps mythique où l'un et l'autre étaient si proches qu'ils sont imaginés comme immergés dans un sentiment de plénitude absolue... Temps de rêve.

À la Maternité les parents découvrent leur « bébé nouveau », le nomment, souvent aussi le présentent aux parents et amis qui viennent leur rendre visite.

Le bébé qui naît est un « inconnu à demeure », selon l'expression de Anne Bouchard[2]. Les parents doivent faire sa connaissance, on pourrait dire que tout enfant doit être adopté.

Ces sentiments d'étrangeté du bébé se vivent dans les premiers jours et disparaissent plus ou moins rapidement, selon que la première rencontre avec le nouveau-né a été plus ou moins heureuse. Un accouchement difficile, un bébé prématuré qu'on ne peut prendre dans ses bras tout de suite, etc., rallongent ce temps d'habituation.

Au troisième jour, on a souvent un bébé qui passe une mauvaise nuit ainsi que sa maman fatiguée. L'un et

2. Anne Bouchard, « Un étranger à demeure », *in La nouvelle revue de psychanalyse*, n° 19, mai 1979, p. 161-176.

l'autre s'influençant dans la tension. C'est le temps du « *baby-blues* ».

La mère est en plein bouleversement hormonal et elle ressent des effets inconfortables de l'accouchement avec des petits soucis du corps qui se remet, comme des ballonnements, peut-être ressent-elle de la gêne causée par une éventuelle épisiotomie, des contractions de rétractation utérine, qui nécessitent une médication anti-douleur si elle a eu une césarienne, etc.

Le bébé a beaucoup dormi pendant les premières quarante-huit heures, quand il n'était pas encore tenaillé par une faim ravageuse. Il se manifeste maintenant par des cris.

Les visites de la famille et de l'entourage amical ont pu empêcher le repos. Tout le monde s'est extasié sur le bébé, alors que la mère n'était pas au mieux de sa forme et qu'elle ne se reconnaissait pas avec ce ventre encore bien rond, mais vide d'enfant !

Tout va vite rentrer dans l'ordre, mais l'équilibre est toujours instable. Il faut décider du choix de l'allaitement : maternel ou artificiel ? Selon la politique de la Maternité, les souhaits du père, les expériences des femmes de la famille, les avis sont contradictoires et, avec Internet, les discussions sur les forums élargissent les avis et les conseils. Des bébés se saisissent d'un mamelon bien formé, d'autres tâtonnent et pleurnichent donnant de l'inquiétude à la mère sur ses capacités à le nourrir. La mise au biberon aussi fait l'objet de tâtonnements. Le retour au domicile coïncide avec l'installation de cet allaitement. Si au bout de quatre jours, la mère, à la Maternité, s'était habituée à son bébé – qui n'était plus un inconnu – c'est elle maintenant qui va se découvrir dans son rôle de mère. La présence du père, l'aide matérielle qu'il apporte, le réconfort, le soutien, la reconnaissance en ses capacités enveloppent la mère. Le père, dit-on, « encadre » la « dyade mère-enfant ». S'il n'est pas disponible psychiquement ou absent pour jouer ce rôle, la femme a le recours de chercher ce soutien ailleurs, quand c'est possible, dans sa famille, auprès de sa propre mère ou auprès des professionnels de la péri-natalité. Des bébés, en bonne santé physique qui s'endorment rapidement, de bon poids à la naissance qui tètent facilement, peuvent rassurer une mère inexpérimentée et inquiète auparavant.

Ce moment sensible de rencontre vaut de se dérouler dans le bonheur de la découverte et non pas dans les pleurs.

Au cours du premier temps de vie, jusqu'à 3 mois, le bébé dort beaucoup, mais il se réveille souvent, la plupart du temps parce qu'il a faim : il épuise rapidement les sucres. En gros, il se manifeste toutes les trois ou quatre heures. Souvent, il crie à ce moment-là et se calme si rapidement on lui offre une tétée. La réponse la plus banale que proposent les parents à des pleurs du nourrisson est de le nourrir. C'est-à-dire de l'aider à vivre car désormais, ces nouveaux parents tiennent la vie du bébé entre leurs mains. La succion est un acte réflexe chez le nouveau-né qui allie le plaisir au besoin de survie. Il peut téter ou suçoter même s'il n'a pas grand faim. S'il est affamé, le bébé ne se calmera pas ou que de manière fugitive dans les bras. Il aura besoin de se nourrir. Ses cris de faim, dans ce cas restent stridents, surprennent par leur intensité : ils sont vite identifiables.

Les conseils de puériculture varient avec le temps : aujourd'hui et depuis deux générations, il est préconisé un allaitement à la demande avec un intervalle de deux heures au minimum entre chaque tétée. Mais des mères peuvent se sentir plus rassurées en proposant d'emblée un rythme fixe.

Au sein, les bébés ont des rythmes variables, les mères repèrent avec moins d'évidence les quantités de lait absorbé. Dans ce cas, les bébés ont un nombre plus important de tétées, ils ont plus de contact avec la chaleur du corps de leur mère et ils gardent un lien plus privilégié avec elle au cours de cette période de nourrissage.

Nourris au biberon, les bébés connaissent d'autres bras, ceux du père ou d'autres membres de la famille.

Le lait maternel est vanté pour ses vertus, mais le climat affectif, la façon de bien tenir le bébé pendant son allaitement, l'attention qu'on lui témoigne dans un climat affectueux sont également largement importants. Chaque femme, chaque couple choisit la façon de faire qui lui convient le mieux.

Le rythme nycthéméral – veille de jour/sommeil de nuit – ne s'installe que progressivement.

D'heureux parents voient leur bébé dormir plus de quatre heures à 3 mois, mais il est fréquent que ce ne soit pas le cas. Le bébé poursuit son rythme de sommeil anténatal qui s'étalait sur vingt-cinq heures et non pas sur vingt-quatre. La mère, si elle allaite ou les deux parents de manière plus générale sont soumis à un terrible rythme où ils voient leur sommeil écourté, morcelé véritablement attaqué, durant plusieurs semaines ou plusieurs mois.

Le nouveau-né semble dérangé par diverses sensations internes et ces malaises entrainent des cris. L'émission des gaz et des selles se montre quelquefois difficile, les sensations de froid ou de chaud le perturbent aussi

car il ne régule pas encore sa température. Les fameuses « coliques du nourrisson », où l'on voit le nourrisson se tortiller après la tétée, font l'objet d'hypothèses diverses sur leur causalité. Elles disparaissent souvent au terme du premier trimestre.

Des stimulations venant de l'extérieur sont facilement susceptibles de le perturber : il sursaute et hurle suite à un bruit soudain comme celui d'un appareil ménager.

Si on le déshabille, il peut réagir par « le réflexe de Moro »[3], littéralement comme si on le dépouillait, comme si on lui enlevait sa peau. Il se met alors en extension : perdu, bras écartés. Ce réflexe dit « archaïque », présent autour de la naissance, disparaît avec la maturation neurologique, car son système nerveux continue de se former après la naissance.

L'ensemble des soins de la toilette peut aussi l'agresser :

Sophie est un bébé de petit poids, plutôt calme, mais elle hurle de manière désespérée quand sa mère veut lui donner ses premiers bains. Ces cris se déclenchent au déshabillage. Sa maman voit que sa fille commence à pleurer dès qu'elle commence à lui ôter ses vêtements. Elle réussit à dépasser cette difficulté en ralentissant d'abord ses mouvements, en lui parlant tout doucement de ce qu'elle fait, tout en lui maintenant les bras le long du corps, elle la plonge alors délicatement dans le bain avant de lui ôter sa dernière chemise, qu'elle fait glisser le long des bras quand l'enfant est à moitié immergé et a retrouvé son calme. Le bain se déroule alors sans cris. La sortie de la baignoire est un moment sensible

3. Nom de son auteur, Ernst Moro (1874-1951), pédiatre autrichien.

encore pour Sophie. Sa mère l'enveloppe rapidement d'une serviette qu'elle colle bien serrée autour du bébé. Elle la découvre partiellement sur la table à langer, commence par lui mettre sa couche, enfile ses jambes dans le pyjama avant de la débarrasser complètement de la serviette de toilette et de s'occuper de couvrir son buste.

Il semble que pour Sophie ses vêtements soient comme une seconde peau.

À ce stade-là, le bébé construit doucement ses limites entre lui et le monde qui l'entoure. Même si la différenciation entre lui-même et l'extérieur paraît commencer très précocement, car dès la période foetale il semble réagir différemment (on le détecte par des mesures de variables physiologiques) à ce qui vient de l'intérieur de son corps et à ce qui vient de l'extérieur, il n'a pas de conscience de soi, de lui-même, au sens où nous l'entendons. Le bébé va construire peu à peu la représentation de ce qui fait partie de lui ou pas et plus tard, de qui il est : c'est-à-dire qu'il va s'apercevoir de la différence qui existe entre lui et sa mère et entre lui et son père tout en se connaissant de mieux en mieux lui-même. Il se différencie aussi, au fur et à mesure des objets de son environnement.

Les expressions de malaise sont violentes, au cours des premiers jours et des premières semaines, il crie et pleure sans larme. Ses canaux lacrymaux ne sont pas efficients car pas encore dilatés.

Dans ces premiers temps de la vie, on note plutôt des cris que des pleurs : la détresse du nouveau-né paraît immense, on la dénomme « détresse primitive », décrite comme un état de « non-être », proche de l'éclatement. Ses hurlements ressemblent à l'arrivée d'un cataclysme et c'est ainsi qu'on pourrait se représenter ce qu'il ressent. Les mesures physiologiques de l'état d'un bébé hurlant montrent un rythme cardiaque accentué, un taux d'émission de cortisol (marqueur du stress accru) et on le voit devenir écarlate, agité dans tous les sens. La force de ses cris rend impérative la réponse des adultes. Le bébé sinon se désorganise de plus en plus et peut aussi désorganiser son entourage. Les effets de ces cris sur les adultes sont divers : la mère, si elle allaite, peut avoir une montée de lait, c'est que la séparation entre elle et son bébé est encore relative. Certes il n'est plus au creux de son ventre, mais psychiquement elle en est encore si proche qu'elle va ressentir violemment ses expressions de malaise, y compris dans ces manifestations corporelles physiologiques et réflexes.

Ce faisant, elle retrouve son vécu de tout petit enfant qu'elle a été, c'est-à-dire les éprouvés les plus sensibles, voire fragiles de sa psyché et elle risque d'en être désemparée.

Les pleurs qui perdurent mettent les parents à rude épreuve car ils se sentent alors impuissants à comprendre ce qui met leur enfant dans cet état et à le calmer. Mais ils se doivent de répondre : les parents, disons plutôt la mère, intervient avec plus ou moins d'assurance. Elle imagine le désordre que vit son enfant, le rassure, répond à ses besoins : en le nourrissant, en le berçant, en accompagnant ses gestes de mots qui verbalisent ce qu'il doit sans doute ressentir. Elle prête une valeur de signification à ce qui, au départ, n'est qu'expression d'un malaise envahissant et ainsi, le rend supportable.

Il est une interaction que l'on observe souvent entre une mère et son bébé, c'est la théâtralisation de ce qui se passe : la mère ponctue les gestes qu'elle fait, ou le soin qu'elle donne à l'enfant en exagérant, elle module la voix, la haussant d'un ton aigu en s'exclamant et explique au bébé ce qu'il vit. Donc, elle lui transmet qu'elle a compris son malaise, mais en même temps, comme elle en joue, elle lui dit que ce n'est pas grave. Trop identifiée à lui, elle serait trop souffrante et perdue, pas assez, elle laisserait le bébé seul dans sa détresse.

C'est grâce à ce travail fait par un adulte qui l'enveloppe, qui pense pour lui, dédramatise, lui renvoie du sens et lui procure apaisement, que le bébé va nuancer ses cris-expressions de malaise, se calmer et s'approprier peu à peu cette démarche de mise en liens[4].

Au fur et à mesure des jours qui passent, les parents reconnaissent de mieux en mieux les nuances que le bébé émet dans ses cris : ceux de la faim ne ressemblent plus aux autres cris, ceux du froid non plus et ils s'y ajustent. Des nouveaux-nés particulièrement calmes ne crient que quand ils ont faim.

Au cours de ces trois premiers mois (en gros entre la deuxième semaine et le troisième mois), le bébé pleure souvent en fin de journée. À la nuit tombante, comme aux temps anciens où l'Homme, privé de la lumière du jour, rentrait dans son abri pour fuir les dangers que la nuit pouvait recéler, un nombre important de bébés, entre dix-huit et vingt heures, pousse des cris, pleure, se tortille. Sont-ils soumis à des affres que les adultes ne comprennent pas ? Les bébés semblent alors inconsolables ou tout du moins bien difficiles à consoler. Ces manifestations sont récurrentes, presqu'à heure fixe chez certains. Les causes pathologiques sont exclues dans 95 % des cas. Après avoir éliminé les malaises physiques banaux : faim-froid-gênes dues aux selles quelquefois très irritantes ;

4. Wilfred R. Brion, *Aux sources de l'expérience*, 1962, Paris, Puf, 1991.

diverses hypothèses sont énoncées : le bébé souffre-t-il de désordre intestinal occasionnant des coliques ? Ou de reflux acides ? Est-il fatigué de la journée qui l'a stimulé ? Ces cris sont-ils nécessaires pour éliminer la tension ? Ces manifestations ne signent donc rien d'inquiétant, encore faut-il que les parents les supportent, ne les attendent pas avec angoisse, ne paniquent pas, car le bébé capte les émotions. C'est à ce moment qu'un problème peut advenir et ce désordre s'accentuer, prolongeant les pleurs du bébé et les angoisses des parents !

La douleur

Une attention particulière doit être portée à la douleur chez le bébé. Le cri de douleur peut être fugace. La douleur a longtemps été niée chez le nourrisson, qu'on a soigné sans antalgique, jusqu'à il y a une trentaine d'années, y compris au cours de certaines interventions chirurgicales bénignes. Aujourd'hui, on y est attentif, on ne laisse plus l'enfant souffrir : on le traite localement par des pommades ou des *patchs* anti-douleur, avant un vaccin par exemple. Mais alors, il n'y a que la partie superficielle qui est protégée de la douleur, le bébé ne sent pas l'aiguille qui pénètre, mais il sent le liquide qui se diffuse. Cela étant, avec ou sans antalgique, certains bébés semblent être très perturbés par la douleur et d'autres pas. À tout âge, la résistance à la douleur est très variable. Si l'on ne peut éviter tous ces désagréments à son enfant, on peut l'entourer, le consoler, le calmer afin qu'il ne se sente pas lâché et livré à des manœuvres qui ne peuvent que lui paraître agressives.

Cette attitude de réassurance des parents est nécessaire durant toute l'enfance.

Quand il n'y a pas eu de manœuvre de soins pouvant faire souffrir l'enfant, la douleur chez les bébés est difficile à déceler par les adultes. Elle s'exprime par des pleurs qui quelquefois s'éteignent vite, par la baisse de vigilance et de tonus, des grimaces, par des comportements d'hostilité. C'est le désengagement du bébé pour ce qui l'intéressait et un certain retrait qui doivent alerter l'adulte. On a longtemps confondu ces signes avec ceux de la dépression, voire du retrait autistique. Ils sont d'autant plus facilement décelables que le bébé grandit. L'intensité de la douleur aussi est difficile à évaluer, mais dans le domaine médical, particulièrement pour les bébés aux prises avec des maladies douloureuses, il a été mis au point des grilles d'observation fines de différents critères physiologiques, dont les pleurs et la rapidité de leur consolation, qui permettent d'évaluer l'intensité de la douleur et d'ajuster des traitements. Il est très spectaculaire de voir des bébés douloureux, enfermés dans l'apathie et le retrait, retrouver leur vitalité et leur sourire après l'administration de calmants.

Les nourrissons qui crient éprouvent leurs parents. Ils transmettent de l'urgence, de la tension. Le stress éprouvé par le parent montre sa sollicitude et son installation dans son statut de parent : le bébé en pleurs se console quand il est pris dans les bras et se trouve en meilleure sécurité. Le contact de corps à corps avec sa mère le remet dans la familiarité du rythme de bercement qu'il connaissait avant sa naissance, l'odeur de sa mère aussi lui est familière, sa voix également : ce qui est connu rassure à tout âge. Si son père participe aux soins, s'il est un « père de proximité » comme il est nommé aujourd'hui, de la même manière, le bébé trouvera réconfort et apaisement auprès de lui. D'autres moyens comme la musique du mobile de son berceau, une sucette, des balancements, sont utilisés par les parents pour l'apaiser, quand le bébé supporte ces premières distanciations. Il se consolera aussi peut-être, après 3 mois, avec son pouce.

Petit à petit, le temps passant, la voix familière mais qui installe de la distance, suffira à le calmer et son doudou, s'il en a élu un, sera un recours. Mais au début, ce sont les bras qui le rassureront le mieux.

L'attachement

Ce besoin de proximité participe à la construction de l'attachement, c'est-à-dire à l'intériorisation des conduites qui permettent de se sentir protégé, en sécurité quand la peur survient, en se rapprochant d'un adulte protecteur. Ce sont les observations de John Bowlby[5] qui ont ouvert la voie à ces compréhensions. À 1 an, l'enfant aura construit des « modèles internes d'attachement » qui sont pour lui des guides d'entrée en relation, qui lui disent qu'il peut compter sur un adulte et qu'il est lui-même digne d'être aimé. Le bébé construit un modèle d'attachement dans ses relations avec son père aussi, différent de celui qu'il a construit avec sa mère, l'un peut être plus sécurisant que l'autre. Ces modèles de base sont établis précocement, mais si ces premiers attachements ont été peu sécurisants et si l'enfant rencontre dans le futur une personne à laquelle il peut accorder de la confiance et établir avec elle une relation stable (avec une personne dite « tutélaire »), des compensations heureuses s'établissent et de nouveaux attachements plus sécures prennent place.

5. John Bowlby, *Maternal care and mental health*, Genève, World Health Organization monogram series, 1951 et *L'attachement*, 1969, trad. fr., Paris, Puf, 1978.

Toute cette construction se prépare déjà dans les premières réponses données aux cris et aux pleurs du petit bébé.

Ce besoin de proximité qui se rencontre chez les mammifères supérieurs prévaut sur le besoin d'être nourri. Dans les années 1955-1960, des chercheurs, éthologues, particulièrement Harry F. Harlow[6], ont mené des expériences sur les singes rhésus pour étudier les réactions du bébé singe quand on le séparait de sa mère. Les films extraits sont très éloquents : dans la salle où l'on a placé les bébés singes, des mannequins mamans singes ont été installés. Certains sont en fourrure et représentent assez bien la mère, mais ne nourrissent pas, d'autres sont en fil de fer, mais ont des biberons à mamelles, qui donnent du lait si le bébé tète. Les petits singes vont d'abord de l'un à l'autre mannequin se fouissant dans l'un, se nourrissant dans l'autre, puis au fil du temps, ils se réfugient uniquement dans la fourrure et n'en bougent plus, au risque de mourir de faim. Ce besoin de contact a fait parler de l'attachement en terme de « besoin primaire essentiel » au même titre que le besoin d'être nourri.

6. Harry F. Harlow, *The Nature of Love*, Madison, University of Wisconsin, 13, 1959, pp. 673-685.

Les bébés humains ont aussi besoin de ce contact proche et rassurant. Ce n'est que graduellement que la distance entre mère et bébé se met en place avec de larges nuances entre chaque dyade : les enfants allaités au sein sont plus largement pris dans les bras, souvent s'y endorment. Les bébés de petit poids à la naissance ont besoin d'un intervalle court entre chaque tétée et donc, sont pris dans les bras plus fréquemment et longuement. Le tempérament de chacun est différent. Certains bébés sont particulièrement placides : souvent c'est le cas quand leur mère a été alitée durant une bonne partie de sa grossesse, d'autres sont irritables, par exemple de par des conditions de vécus intra-utérins quand la vie de leur mère enceinte a été particulièrement stressante, fatigante, agitée. Ces bébés pleurent au début de leur vie. Certains ont des parents peu disponibles, endeuillés par exemple. Or, les bébés sensibles aux tensions des adultes qui leur prodiguent des soins, perdent l'attention dont ils ont besoin, pleurent ou se figent si les parents sont rapides, silencieux et tristes.

Certains cris et pleurs du nourrisson semblent ne pas avoir valeur d'appel : ils sont intenses, souvent courts, comme s'ils n'étaient qu'une décharge de tension. Ils surviennent souvent avant un endormissement brusque.

Fabrice est un bébé très calme à 3 mois, déjà rythmé, il dort la nuit durant huit heures. Le soir, mis au lit quand il manifeste qu'il a sommeil, il pousse de terribles cris et pleurs qui vont crescendo, *durent deux-trois minutes et s'arrêtent de manière brusque, le bébé s'étant endormi profondément jusqu'au lendemain.*

Les parents, d'abord inquiets puis surpris, s'y habituent.

Avant d'aboutir à cette façon d'agir, ils avaient repris l'enfant dans les bras, avaient tenté de le calmer en le berçant, l'avaient recouché pour l'entendre hurler de la même manière. Pas du tout partisans de laisser pleurer un bébé sans chercher ce qui le dérange, il avait été difficile pour eux d'identifier et d'accepter ces cris spécifiques, aigus mais fugaces, qui précédaient comme rituellement la chute de l'enfant dans le sommeil.

Les interactions avec les personnes de l'entourage et l'environnement

C'est dans le nid de ces interactions familiales que le bébé va se développer, d'autant plus harmonieusement qu'il y est bien accueilli et émerveille ses parents, qu'il est accompagné dans son développement, choyé et aimé.

À sa naissance, le bébé a un énorme potentiel de compétences, mais ces dernières ne se déploient que si elles trouvent un environnement propice à leurs épanouissements : celles de se sentir actif, reconnu dans ses émotions, libre de les exprimer sont particulièrement importantes pour son développement. Elles nous intéressent quand nous nous préoccupons des pleurs du bébé.

La rencontre avec le bébé est un véritable travail psychique qui bouscule. Le parent retrouve en écho ce qu'il va apporter comme sollicitude à son enfant, des traces de ce qu'il a lui-même reçu en tant que bébé, c'est-à-dire la façon dont il a été lui-même soigné. Pour répondre à son bébé, il doit s'identifier à lui, avoir cette souplesse psychique qui lui permette ces allers-retours du monde du bébé à son monde d'adulte, sans être en détresse lui-même. Ce mouvement de régression et d'identification du parent au bébé est particulièrement vif au début de la vie du bébé.

Les réponses du parent n'ont pas à être « parfaites » au premier essai, on observe qu'il y a des ajustements incessants. Ce sont ces tentatives d'adéquation qui sont importantes, elles marquent l'attention que le parent porte à son enfant et son souhait de le réconforter.

L'état de calme pour le bébé est l'état où il est le plus réceptif, souvent après avoir été nourri, il rentre alors en relation avec l'adulte facilement, en répondant, en le regardant, en souriant, en gazouillant, etc. Dans cet état de détente, il joue et développe ses compétences. La mère et le père consolent les bébés pour qu'ils retrouvent ces plaisirs.

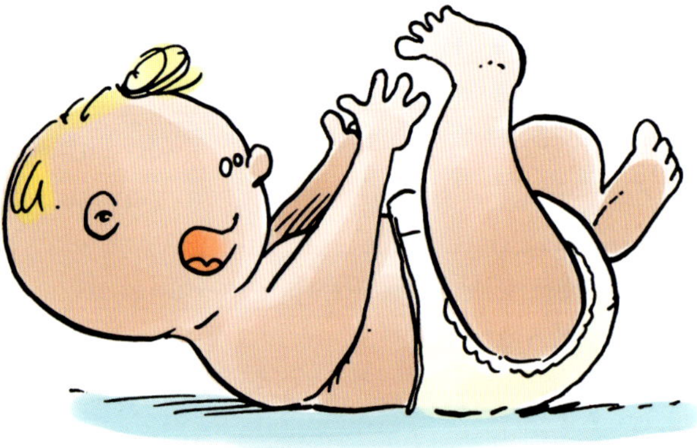

Au cours du deuxième trimestre, le bébé dort moins de temps durant la journée et un peu plus longtemps la nuit. Il est plus présent dans l'interaction, il sourit, gazouille, fait des « areus ». Ses pleurs et ses cris sont plus facilement déchiffrables, les appels à de la présence sont identifiables et différents des manifestations de malaise.

Dans ces derniers cas, le bébé se calme plus vite si on le prend dans les bras et si on lui parle. Bien sûr, tout ce qui entraîne les malaises physiques reste signalé par ces mêmes cris et pleurs, pour des mois encore.

Au cours de ce deuxième trimestre, le bébé est mis assis au sol, calé entre des coussins, souvent aussi, il gigote et bascule, ses « chutes » en arrière ou sur le côté le désarçonnent et le font pleurer, incapable qu'il est de se remettre dans une position stable et confortable pour lui. Il est important de veiller à ces ajustements posturaux. De manière générale, tant qu'il n'est pas en mesure de s'installer tout seul dans une position et de s'y maintenir, il n'est pas utile de l'y mettre.

D'autre part, les bébés sont couchés sur le dos pour éviter des accidents de respiration, ils ont moins de plaisir à se retrouver allongés sur le tapis, posés sur le ventre si on ne les y a pas habitués et se mettent à pleurer. Or ce qui est agréable pour le bébé, c'est de devenir habile à se mouvoir. Lui permettre de découvrir les positions sur le tapis, rapidement sur le dos et sur le ventre, va lui donner du plaisir car il va regarder ce qui l'entoure selon des angles de vue diversifiés. S'il est très mal à l'aise dans une position, il se met à pleurer, on peut alors l'aider, mais l'installer d'abord de telle manière qu'il puisse par lui-même bouger, toucher quelque chose qui l'intéresse, sans avoir besoin de l'adulte, ce qui lui donne de la force et de la confiance en son activité libre. Dès qu'il pourra se retourner par lui-même, s'asseoir, s'allonger, il en fera l'expérience et il choisira.

Le bébé, dès son plus jeune âge, joue avec les différentes parties de son corps, ses mains, ses pieds, les hochets légers qu'il peut tenir dans ses mains, les bouts de tissus. Plus grand, il sera capable de pousser sur un bouton pour faire entendre de la musique, de remplir des boîtes d'encastrements de formes. Le bébé est un grand explorateur doublé d'un savant qui réfléchit, mais laissons-le maître de sa vitesse de découvertes.

Vers la fin du deuxième semestre, beaucoup de jeux qui s'empilent sont à la disposition du bébé.

Anaïs, âgée de 10 mois, vient de recevoir comme cadeau une boîte de cubes. Sa maman l'ouvre et découvre avec elle de jolis cubes colorés qui lui rappellent une certaine boîte qu'elle avait eue elle-même dans ses jouets d'enfant. Elles sont toutes les deux installées sur le tapis. La mère rapidement monte une tour que l'enfant balaye d'un revers de main, la mère rit et recommence, l'enfant rit aussi et une petite excitation les réunit, dans ce jeu de « badaboum ». Mais la mère, soit par lassitude, soit parce que quelque chose la réclame, se lève, tout en disant à Anaïs « joue toute seule ma chérie », mais Anaïs ne sait pas refaire la tour, elle regarde un peu perplexe le cube qu'elle tient et n'en fait rien. Elle se met à pleurer, la mère revient assez vite, Anaïs lui tend le cube le regard désespéré, mais la mère propose un autre jeu.

On voit dans cet exemple banal, à la fois le plaisir qu'a la mère à jouer avec sa fille et réciproquement, mais on voit aussi la dépendance du bébé face à un usage de l'objet inconnu qu'elle ne maîtrise pas : si elle avait pu le toucher, le tourner, le soupeser, le porter à sa bouche, le regarder pour bien l'identifier et le reconnaître, plus tard, elle se le serait approprié et tant pis s'il avait fallu attendre quelques mois pour qu'elle empile ces cubes ! Elle aurait été maître du jeu et plus heureuse de cette manipulation.

Un environnement adapté, sans danger, où il fera l'expérience SEUL, au fil du temps, de ses capacités d'exploration des objets et de ses capacités motrices qui évoluent, se rencontre plutôt dans les lieux institutionnels d'accueil du bébé, où l'on dispose des jouets nouveaux, où l'on installe des structures qui permettent de grimper, de rouler, etc., mais au domicile, des coins aménagés pour lui sont des heureuses initiatives des parents pour l'aider à s'éveiller et découvrir ce qui l'entoure ainsi que d'acquérir la capacité d'être seul tout en étant à proximité de l'adulte.

Cette capacité ne se gagne que progressivement : les bébés et les jeunes enfants réclament beaucoup de présence et d'attention. Beaucoup de cris ou de pleurs sont déclenchés par le besoin de ne pas se sentir seuls : les bébés se « consolent » soit en faisant appel à leurs propres moyens calmants comme la succion ou l'endormissement, soit en profitant de l'intervention de l'adulte.

Quand ils sont installés sur le tapis, les bébés jouent avec leur mobile, ils essaient d'attraper, de faire bouger des petits jouets suspendus, mais fréquemment ils poussent des cris d'appel très reconnaissables pour solliciter la venue du parent.

La notion de la durée est compliquée pour eux, elle prend forme dans la répétition : des soins, des repas, du retour du même dans un quotidien bien rythmé. C'est cette sécurité apportée par les adultes qui va les aider à accepter d'avoir à attendre le retour d'une présence. Quand ils n'ont pas encore intégré ces rythmes et cette sécurité, ils crient et pleurent. Les parents s'ingénient à trouver des réponses.

Encore faut-il que le parent ne se sente pas démuni, qu'il ne devienne pas figé ou même hostile face aux pleurs.

Des drames peuvent advenir quand les cris et les pleurs du bébé sont inconsolables, quand les parents se sentent dépassés, harcelés, transpercés par ces hurlements et manquent cruellement de sommeil. Ils peuvent perdre tout contrôle et « secouer » le tout-petit. Le bébé est tenu par les épaules ou le tronc et il est secoué dans un mouvement de va-et-vient.

Il faut se représenter alors le cerveau comme une balle molle qui ballote et tape sur les parois dures de la boîte crânienne et se blesse jusqu'à saigner. Le poids de la tête du bébé est relativement important par rapport à son corps. Les muscles de sa nuque n'ont pas la force de maintenir la tête, d'où cette grande vulnérabilité face à des secousses violentes.

Nous n'avons encore pas assez de campagnes d'information sur la dangerosité que représentent les actions brusques de secousses sur le petit bébé.

Les conséquences peuvent être gravissimes : dommages du nerf optique, séquelles neurologiques irréversibles allant jusqu'à stopper le développement psychomoteur ou même la vie. On voit alors arriver aux urgences de l'hôpital, en pleine nuit, des parents affolés avec dans leurs bras un bébé ayant fait un malaise.

Bébé grandit

Les lieux d'accueil « petite enfance »

Les divers professionnels de la péri-natalité apportent leur soutien pour « faire ce voyage au temps de la péri-natalité » selon l'expression d'Élisabeth Darchis. Ils accompagnent les parents qui se retrouvent en difficulté pour faire face à ce bouleversement et qui ne doivent pas hésiter à faire appel quand c'est nécessaire ou à se mettre dans des situations qui les aideraient à prévenir des phénomènes d'usure. Les lieux qui accueillent les jeunes parents et les bébés sont nombreux et variés : ce sont d'abord les PMI (protections maternelles et infantiles) installées à proximité dans le quartier. Les parents y rencontrent des médecins, des psychologues, des sages-femmes, des conseillères conjugales, dans un cadre de consultations, mais aussi des auxiliaires de puériculture, des puéricultrices, des éducatrices de jeunes enfants. Dès la salle d'attente, de manière informelle, le contact se noue et des échanges s'établissent propices à poser des questions qui préoccupent, recevoir des conseils sur les soins… Dans certains lieux, des groupes sont organisés, ils permettent de se retrouver entre parents confrontés aux mêmes interrogations, qui s'apportent mutuellement des remarques, des réflexions enrichissantes et ils aident aussi à de ne pas se sentir isolés.

Des accueils parents-enfants se multiplient aussi, dans la lignée des « Maisons vertes » créées par Françoise Dolto. Leurs dénominations varient : il n'est pas facile pour les nouveaux parents quelquefois de repérer que sous l'appellation « L'éléphant rose » (j'invente le nom) se cache une structure de ce type. Les services municipaux sont en mesure de les indiquer.

Ces accueils sont ouverts à des parents, des assistantes maternelles, des grands-parents accompagnés de jeunes enfants. Ils sont anonymes et libres d'accès. Les accueillants sont de formations diverses, souvent psychologues ou éducateurs de jeunes enfants, ils soutiennent l'éveil et le jeu de l'enfant, les interactions entre enfant et adulte et entre enfants, ils veillent au confort de chacun, proposent des jeux qui sont de nouvelles expériences pour les enfants, respectent le besoin de parler ou pas des adultes, ils sont dans une attention bienveillante propice à la détente et aux sourires !

Les ludothèques sont des lieux précieux : on va y chercher des jouets pour la semaine, voir ce que le bébé affectionne avant de se lancer dans des achats pour la maison, on va écouter les conteuses pour tout-petits qui se retrouvent régulièrement ici : elles animent les journées des bébés et des jeunes enfants, les introduisent à la culture avec les jeux de doigts, les comptines, les histoires ; elles cassent la monotonie de la journée des adultes qui gardent les enfants durant toute la semaine, que ce soient les parents ou les professionnels. Nous y rencontrons des petits groupes d'enfants de la grande section de crèche, venus avec leur auxiliaire et aussi l'assistante maternelle ou la maman qui ne travaille pas ou pas encore. Les papas sont plus rares, mais pas complètement absents non plus. Dans ces séances, qui durent trente minutes environ, nous n'entendons pratiquement jamais les bébés pleurer : ils sont captivés, écoutent, se balancent pour danser, applaudissent. C'est un moment de bonheur.

Or la vie au quotidien avec un bébé ou un jeune enfant n'est pas toujours facile. Nous insistons sur les aides que les parents ont à chercher en dehors de la famille élargie des femmes des générations plus âgées. Ces aînées se montraient d'un grand secours quand les couples de jeunes parents n'étaient pas trop éloignés d'elles, éloignés de par la distance géographique ou affective. Aujourd'hui, avec ses modes de vie nouveaux, la famille nucléaire, recomposée, urbaine, active affronte des difficultés particulières dans un certain isolement, pour faire face au bouleversement causé par la venue d'un bébé. Si celui-ci n'est pas « facile », sa « gestion » risque de poser problème.

Mais bien que l'on doute de la réalité d'un instinct maternel et paternel, la plupart des parents passent tous ces caps délicats et ces adultes sont « suffisamment bons » pour leur bébé. Ils trouvent suffisamment de force en eux pour supporter toutes ces difficultés.

Ils savent vite transformer en jeu ce qui peut désorienter le bébé : la voracité du bébé qu'ils perçoivent par exemple fait qu'ils jouent à « Je te mange ! Je te mange ! » en le couvrant de bisous. Les gaz émis par le bébé sont repris en borborygmes vocaux et mimes par les parents qui s'en amusent.

Nul doute qu'ils savent vite déchiffrer ce langage infra-verbal et nul doute que le bébé parle avec son corps. N'oublions pas qu'un bébé silencieux se fait oublier et que les bébés qui reçoivent le plus d'attention sont ceux qui se manifestent par leurs cris et leurs pleurs et qui sont capables d'interpeler les adultes.

Des douleurs fréquentes arrivent avec les poussées dentaires, plutôt à la fin du premier semestre, mais n'oublions pas que quelques rares bébés naissent avec des dents. L'apparition est très variable au cours de ces premiers temps de vie. Ces moments vulnérabilisent

les bébés, des érythèmes fessiers ou des infections ORL (oto-rhino laryngologique) peuvent s'y associer. « C'est les dents ! » est une phrase clef, que l'entourage prononce pour expliquer bien des petits soucis. Oui, quelquefois c'est bien le cas. On voit le bébé baver, porter ses doigts à la bouche ou tout autre objet et secouer la tête de droite à gauche tout en maintenant fermement l'objet en bouche en grognant. Aujourd'hui, les moyens de soulager les douleurs des gencives comme les gels en massage, les antalgiques ou les médicaments homéopathiques atténuent ces désagréments. Notons que certains, comme les otites, sont assez fréquents et douloureux. Et le bébé ne sachant pas se moucher doit supporter les soins de nettoyage des narines, ce qui entraine bien des réactions de sa part. Il n'aime pas : au minimum, on voit le bébé grimacer, au maximum, il hurle. Le parent lui explique qu'il va mieux respirer après, il le comprendra à terme !

Mais le bébé du deuxième trimestre se montre de plus en plus lisible. Non que le nourrisson du premier trimestre ne l'ait pas été, mais lui pouvait réagir avec des signes moins repérables – des fluctuations du tonus, des détournements de la tête, des évitements du regard vis-à-vis de l'étranger, des changements du rythme cardiaque, de la pâleur, des chutes brusques dans le sommeil, etc. – particulièrement quand il était séparé de sa mère ou d'une personne essentiellement présente dans sa vie comme son père. Ces réactions pouvaient passer inaperçues.

À la fin du deuxième trimestre, le bébé montre plus clairement et de mieux en mieux, ce qu'il éprouve : il change de mimique, geint et sanglote de chagrin, grogne de mécontentement. Les cris et les pleurs sont plus facilement reliables à un trouble vécu par l'enfant et perçus par l'entourage, qu'il arrive de l'intérieur de son corps ou de l'extérieur. Les parents et le bébé ont appris à communiquer.

La séparation

Ce deuxième trimestre est le moment où dans notre législation, le congé maternité des mères s'arrête et les quinze jours de celui des pères est déjà pris autour de la naissance. Le travail des mères, quand c'est le cas, impose un mode de garde. Le temps de la séparation arrive. Donc à cette période, le bébé s'il est allaité au sein doit être sevré complètement ou partiellement, la tétée au sein du matin et celle du soir pouvant être maintenues.

Bien des pleurs de la mère et de l'enfant jalonnent ces moments-là. Quand le bébé prenait le sein, les premières mises au biberon risquent d'être de véritables épreuves : si certains bébés ne rechignent pas à passer à la tétine, d'autres refusent, pleurent et cherchent le sein. La présence du père est alors d'un grand secours. Il peut rassurer la mère, relativiser un refus ; un biberon sauté n'est pas si dramatique et si c'est lui qui le propose à son enfant, le bébé ne vivra pas la même frustration vis-à-vis du sein qui lui est refusé. Une autre personne, familière pour la mère et l'enfant, apportera aussi cette aide si le père n'est pas disponible.

Le bébé a appris à utiliser des modes de consolation, dont celui de sucer son pouce qui est toujours à sa disposition ou sa « sucette », sa « tétine », sa « totote » si on l'a lui a proposée. La succion recentre le bébé sur une sensation de plaisir, en ce sens elle est consolatrice. Si chaque cri du bébé doit être calmé par le suçotement de la tétine sans essayer de comprendre ce qui le dérange, cette réponse est réductrice et n'ouvre pas à la recherche du sens du comportement de l'enfant. Si elle est donnée à un bébé agité qui se calme vraiment quand il l'a en bouche, elle prend une autre valeur.

Là encore, ne soyons pas impératifs et laissons le choix se faire au cas par cas.

Au fur et à mesure que les semaines passent, le bébé exprime de plus en plus clairement sa confiance en sa mère, en son père, aux personnes de son entourage et se montre réticent vis-à-vis d'un étranger, voire apeuré. « L'angoisse du 8e mois » qui se déclenche face à un étranger, décrite par René A. Spitz[7], est un organisateur psychique majeur qui marque cette acquisition stable de la différenciation entre familier-sécurisant et étranger-inquiétant. Elle se prépare tout doucement dès la naissance pour se structurer plus solidement chez les enfants qui ont reçu des soins primaires stables, vers la fin du deuxième trimestre. Le bébé réagit : il regarde de manière scrutatrice tout visage nouveau, ou même

7. René A. Spitz, *Le non et le oui*, Paris, Puf, 1962.

les visages pas tout à fait familiers des personnes qu'il ne voit pas quotidiennement, il détourne la tête et le corps, montre son hostilité, voire hurle, se met à pleurer violemment face à un inconnu, surtout si ce dernier veut l'approcher, le prendre dans les bras ou lui faire un bisou. Attention : la grand-mère que le bébé n'a presque jamais vue est une inconnue inquiétante pour lui, même si elle a toute la confiance des parents.

Ces inquiétudes et les pleurs qui les accompagnent sont de bon augure.

Les enfants qui ont vécu des placements, des ruptures de liens, qui ont été privés d'un attachement solide à un adulte privilégié, ne manifestent pas ces réticences, au contraire.

On a vu, dans des orphelinats, des jeunes enfants s'accrocher à n'importe quel adulte qui passait, à la recherche d'un contact, fût-il fugace. Ils restent en difficulté, plus tard, pour établir un lien stable dans leurs relations.

Ces pleurs, qui indiquent un sentiment d'insécurité face à un étranger, imposent d'organiser pour le bébé, un environnement le plus stable possible.

Ainsi, quand le bébé passe à un mode de garde, la transition doit s'organiser en douceur, sur plusieurs jours, voire plusieurs semaines, selon ses réactions. La prise de contact avec la personne qui va lui prodiguer des soins, avec le domicile nouveau ou la salle de la crèche, la présence des objets connus comme le tour de lit, une peluche, la tétine du biberon habituel à la maison, la sucette éventuellement, enfin tout ce qui peut être apporté dans le nouveau lieu, participe à créer une atmosphère connue et rassurante pour le bébé.

Tous ces petits détails sont de grande importance pour lui, car la mémoire du bébé est « contextuelle », il peut d'autant mieux évoquer une situation et les émotions qui y sont liées, qu'il se trouve dans le même environnement ou que l'environnement ressemble à ce qu'il connait.

Ce qui lui procure un environnement stable lui permet de construire un sentiment de continuité d'être.

Un temps de séparation court d'abord, qui s'allonge progressivement, lui permet de faire l'expérience de la séparation et des retrouvailles qui s'ensuivent.

Moyennant ces précautions, on préserve le bébé de la détresse de quitter ses parents. Il ne pleure pas ou plus en quittant les bras de sa mère ou de son père pour ceux de son assistante maternelle ou de son auxiliaire de crèche.

Mais cela étant, tout n'est pas linéaire : après le moment où se joue la séparation, arrive le temps de la prise de conscience d'avoir « perdu » sa mère ou d'en être séparé.

Dans les crèches, nous observons des bébés qui passent des bras de leurs parents à ceux de leur auxiliaire, sans problème, qui s'intéressent aux jouets proposés sur le tapis où le plus souvent ils sont posés à leur arrivée, puis, au bout d'un certain temps, ils semblent concentrer leur regard sur l'auxiliaire, suivre ses allées et venues et se mettent à pleurer si elle quitte la salle. Comme si la blessure de la séparation se réactivait. Le bébé au bout d'un certain temps de séparation peut montrer qu'il a besoin de se ressourcer auprès de sa mère : il se met alors à geindre ou à pleurer. Ce temps est extrêmement variable, il dépend de l'âge de l'enfant, de sa capacité à trouver en lui et/ou avec l'aide d'autrui, des façons de se consoler. La compréhension que la mère va « disparaître » se fait progressivement, celle qu'elle va revenir, également. Quand le bébé sait dire « au-revoir » avec un signe de la main, il peut aussi déclencher des pleurs de protestation et de chagrin quand il anticipe la séparation.

Les retrouvailles du soir restent un moment délicat, souvent le bébé a besoin d'une transition avant de retrouver son parent. Il semble se rassembler autour des diverses perceptions, il écoute attentivement la voix de son parent, il retrouve une odeur familière, son regard est scrutateur, sérieux. Il peut aussi restreindre ses mouvements, rester distant avant d'accepter un câlin, avant de se détendre et montrer du plaisir. On le voit aussi devenir grincheux et pleurer alors qu'il était calme jusqu'alors, là encore, comme s'il avait du mal à dépasser la douleur vécue précédemment au cours du manque de la mère ressenti pendant son absence.

Dans les sections de crèche, il est d'usage en fin de journée de regrouper les enfants car certaines professionnelles quittent leur service et le groupe d'enfants s'amenuise avec l'arrivée des parents qui viennent rechercher leur enfant : cette période est soumise à des variations peu soutenantes du calme des enfants. Si l'auxiliaire est bien connue de l'enfant, un problème est évité, mais les entrées et sorties des parents ne sont pas propices à ce qu'une activité soit suivie et encadrée par la professionnelle qui parle à l'adulte et donne des nouvelles de la journée. Des enfants sont plus agités alors, d'autant qu'ils sont tourmentés par l'attente. Chez les moyens et les grands, on en voit courir, sauter, papillonner, d'autres prendre leur pouce ou réclamer leur doudou et se blottir dans un coin. Le groupe est très focalisé sur la venue des parents, quand une maman ou un papa tarde à venir, son enfant chagriné, se met à pleurnicher ou à pleurer. Quand un nombre suffisant d'auxiliaires est en poste, l'une se consacre à l'accueil tandis que l'autre est attentive aux enfants et parle à celui qu'elle voit en plus grande difficulté d'attente. Si les parents ont dit à l'enfant le matin qui viendrait le reprendre et si l'auxiliaire est au courant, cette évocation est rassurante pour lui.

Ce travail psychique de première élaboration de la séparation est important au cours de la petite enfance et se poursuit sous des formes différentes, tout au long de la vie.

La séparation du sommeil peut aussi s'avérer éprouvante. Dans les lieux d'accueil, les bébés montrent des difficultés de tout ordre : le sommeil reste un point délicat.

Cédric, arrivé à la crèche à 5 mois, ne réussit pas à prendre sommeil dans son lit. Le tour de lit a été posé comme à la maison avec des peluches familières et un tee-shirt porté par sa mère, avec son odeur. Quand il semble fatigué, devenant grognon, Cédric est posé au lit où il se raidit et hurle. Son auxiliaire tente l'endormissement dans les bras, sans succès notable, les pleurs durent longuement. Par contre, en fin de matinée, il s'assoupit dans le gros pouf, le « nid » dans lequel il est plus à l'aise. Au réveil, il est détendu.

Ce nid l'accueillera pour la sieste jusqu'à ce qu'il accepte le « coin-dortoir » avec les autres enfants.

Les difficultés à dépasser, autour du sommeil, sont nombreuses pour le bébé et pour les parents : soit le bébé ne fait pas ses nuits alors que la mère a repris son travail et que les deux parents ont besoin de repos, soit il ne s'endort pas, a besoin d'être bercé longuement ou plonge dans le sommeil dans les bras du parent et se réveille en hurlant dès qu'il est posé, soit il se réveille régulièrement, plus qu'auparavant.

Les parents font preuve d'inventivité pour atténuer les problèmes de sommeil de l'enfant : bercements, aménagements de la chambre, petite veilleuse, rituels de berceuses. À chaque famille de trouver sa solution et... patience.

Aujourd'hui, un effet de mode prône le « *co-bedding* » (ou co-dodo). Il n'y a pas lieu d'être rigide, un tout-petit peut être consolé en s'endormant aux côtés de ses parents sporadiquement : à un moment de passage inquiétant pour lui, une sortie de maladie, après une hospitalisation, dans une période de réveils très angoissés. Mais nous ne sommes pas adeptes de ce mode de couchage de manière systématique qui installe à terme, un enfant dans l'intimité du lit conjugal, qui fait de lui un moyen de contraception nocturne ou pire un témoin, qui le colle au corps à corps des adultes et l'amène à ressentir trop de sensations, érotisant le rapport aux parents.

Attention aussi aux déménagements et aux départs en vacances ! Le jeune enfant n'aime pas la nouveauté, souvent il l'exprime en modifiant son sommeil, en pleurant plus que de coutume.

Une grande consolation lui est apportée par son « doudou » dénommé « objet transitionnel » par Donald W. Winnicott[8]. Cette peluche, ce petit chiffon que l'enfant a choisi et qui garde les odeurs familières de la mère et de toute la maison. C'est un objet doux, porteur de toute l'ambiance rassurante que connaît le bébé. Il l'a élu, en quelque sorte créé, pour supporter l'éloignement d'avec sa mère, il a surtout besoin de l'avoir toujours à sa disposition quand il le souhaite, surtout quand il s'éloigne des parents, pour aller se coucher ou partir à la crèche. Ce n'est pas l'adulte qui désigne la peluche ou le foulard qui deviendra doudou, ni les moments où l'enfant doit le prendre. Plus ce doudou est sale et tripoté, usé jusqu'à la corde, plus l'enfant l'aimera et pas question de dire que ce doudou est vieux, sale, abîmé ou moche, l'enfant le supporte très mal, fait des crises de désespoir si on l'attaque. Des drames adviennent quand on l'oublie, quand

8. Donald W. Winnicott, *De la pédiatrie à la psychanalyse*, Paris, Payot, 1976.

on le perd ou quand on lave ce doudou. Des astuces pallient ces problèmes : le doudou en double quand c'est possible, des rituels pour le bain de doudou... J'ai vu des annonces placardées sur les murs d'un quartier pour promettre une récompense à la personne qui rapporterait un doudou perdu dans le coin.

Si d'autres éléments plus perturbants ont affecté la vie familiale, ils risquent de se répercuter dans le climat affectif qui entoure le bébé. C'est que la tristesse, la tension sont perçues par le bébé, l'empêchant de s'installer dans le repos du sommeil. Une des causes possibles est la crainte de la mère vis-à-vis de la mort subite du nourrisson, elle surveille alors de manière invasive la respiration du bébé, maintenant ainsi une agitation autour de lui, en allant le voir, en le touchant. Un enfant trop attendu, arrivé après des fausses couches ou tout autre événement traumatique, risque aussi d'être installé dans cette anxiété parentale et ne pas réussir à se détendre et à « s'éloigner », en s'endormant.

Des événements comme l'entrée à la crèche entraînent pour lui un changement qu'il doit apprivoiser. Des bébés modifient leur rythme de sommeil en entrant à la crèche. En collectivité, il va entendre les cris et les pleurs des autres enfants et nous voyons qu'ils sont « contagieux », il n'est pas rare d'entendre à un moment

précis presque tous les bébés d'une salle, pleurer de concert : les uns ayant suivi les autres ! Le bébé s'en imprègne, il est perturbé et pour un temps, devient lui-même plus réactif, plus tendu avant de retrouver son calme. Lui, qui s'était habitué à un rythme à son domicile, se retrouve bouleversé avec l'entrée dans un mode de garde et il réagit. De plus, s'il n'a pas vu ses parents pendant la journée, il peut les faire revenir auprès de lui pendant la nuit en se réveillant bruyamment !

On remarque que bien des adaptations sont perturbées par des somatisations des bébés : avec leur vulnérabilité psychique du moment et le contact de la collectivité aidant, arrivent des affections ORL ou autres qui perturbent la régularité de leur présence dans le groupe. Ces absences compromettent le déroulement de l'adaptation qui devrait dans certains cas, être reprise au début, ce qui n'est pratiquement jamais possible, elles font perdurer les souffrances et les pleurs de chacun des protagonistes.

D'autre part, ce qui est vécu par la mère, au moment de la mise à la crèche, s'apparente à un certain *blues*. Elle peut être heureuse de retrouver son activité professionnelle et déstabilisée de sortir de cette période où elle se sentait si proche de son bébé, être chagrinée d'avoir arrêté par exemple d'allaiter plus vite que ce qu'elle ne le prévoyait, être inquiète de la qualité des soins que l'enfant va recevoir qu'elle souhaite la meilleure qui soit, tout en se sentant frustrée de ne pas avoir toute la primeur des progrès que le bébé va faire sous les yeux d'une autre. L'ambivalence de ses sentiments est exacerbée. Elle-même risque de se sentir déprimée et ses états influencent son maternage. Le bébé peut ressentir de l'insécurité.

Pour remédier à tous ces petits soucis liés à la séparation de la journée, nous ne pouvons que souhaiter que des accompagnements professionnels plus personnalisés aident les familles pour que la séparation ait lieu au bon moment pour chacun et qu'on évite la dépression du côté de la mère et du côté de l'enfant.

La dépression

Le terme de dépression est associé à celui de perte : perte réelle ou ressentie. Les affects dépressifs accompagnent normalement un deuil, une perte, une séparation chez l'adulte. La dépression est considérée comme une réponse émotionnelle déclenchée par ces expériences de perte.

Chez l'enfant, plusieurs situations entraînent une dépression : une disparition brusque de personnes stables de son entourage, avec lesquelles il avait noué une relation privilégiée, de réelles disparitions ou ressenties comme telles, par exemple, la naissance d'un puîné qui peut occasionner chez lui, un sentiment de perte de « la mère toute à soi, toute disponible », fantasme constitutif, or un puîné peut arriver alors que l'aîné n'a qu'une dizaine de mois... La dépression de sa mère, suite à un deuil ou une séparation du couple des parents, affecte la relation entre mère et enfant. Si elle est importante, le bébé a alors affaire à une mère atone, qui accomplit les gestes de maternage, sans plaisir, mécaniquement. Il ne reconnaît plus sa mère aimante et vivante. Lui-même se fige et est affecté de dépression. La dépression de la mère n'est qu'une des causes possibles de la dépression du bébé. Des nuances sont à apporter, encore faut-il que le bébé n'ait été soigné que par elle, qu'il n'ait pas eu d'autres figures d'attachement, qu'il ait été exposé longuement à ce style de soins déprimés...

Il y a scandale encore aujourd'hui à parler de « dépression du nourrisson » (et même du jeune enfant). Pourtant, cette dépression a été mise en évidence dès les années 1950, par René Spitz essentiellement. Ce fut dans des contextes où le bébé avait vécu avec sa mère dans une grande proximité et où il en était brusquement séparé. Ces mères étaient emprisonnées, avec leur bébé en permanence à leurs côtés, puis à l'âge de 3 mois, il leur était retiré pour vivre en pouponnière. Les soins de toilette et de nourrissage étaient assurés, mais aucun adulte ne nouait une relation significative avec l'enfant. Cette carence d'attachement entraînait d'abord des pleurs de protestation, puis comme aucune réponse de sollicitude n'arrivait, les enfants s'éteignaient, ils ne manifestaient plus d'intérêt, se prôstraient, leur courbe staturo-pondérable se cassait, l'enfant refusait la nourriture, après une phase d'exacerbation, les auto-érotismes (balancements, succion), qui sont un moyen que l'enfant a à sa disposition pour se calmer, disparaissaient, sa vulnérabilité aux infections s'accentuait. L'installation dans cet état pouvait aboutir à affecter tout le développement (affectif, mental, somatique), voire compromettre la vie.

Nous le voyons, cet état de détresse importante se manifeste « en creux » dit-on, avec des manifestations qui montrent que la vie se ternit ou s'éteint. Les pleurs désespérés s'avèrent moins graves que la prostration. Dans nos institutions, ces états (connus sous le terme d'hospitalisme) ont disparu, mais malheureusement, des bébés sont touchés par la dépression dans leurs familles. Il est impératif de la reconnaître et surtout de la prévenir.

L'hospitalisation

Mais quelquefois le bébé doit être hospitalisé en urgence, il n'a pas bénéficié de cette préparation à rencontrer un nouvel environnement comme nous le préconisons. Sujet à des douleurs, il doit affronter les gestes de soins médicaux, intrusifs, dérangeants, mais inévitables... Prendre toutes les précautions pour rendre ce moment le moins perturbant est la préoccupation du personnel médical et des parents. La présence de sa mère, de son père ou d'une personne familière de jour et de nuit est un facteur qui aide l'enfant : les parents ne font pas disparaître magiquement la souffrance, mais leur présence dit à l'enfant qu'on le soutient pour qu'il guérisse.

Les parents lui expliquent aussi, pourquoi il doit subir ces soins ou ces examens, même s'il ne comprend pas tout, il saisit qu'on ne lui fait pas tout ça de manière insensée, qu'on veut l'aider à supporter. Les prises d'antalgiques, la différenciation des personnes qui donnent les soins médicaux (piqûre, sonde, etc.) de ceux qui s'occupent de la toilette, vêtus de blouse de couleur différente, aident à ce qu'il ne plonge pas dans le désarroi. S'attacher aux détails qui rendront l'environnement du bébé un peu plus proche de celui qu'il avait chez lui, en lui apportant des jouets, des images de la maison, des photos de sa famille sont aussi des moyens de le rassurer. Les parents ne sont pas toujours présents aux côtés de l'enfant, soit parce qu'ils ne sont pas physiquement à l'hôpital, soit parce que les gestes médicaux ne se font pas sous leurs yeux. Ils ont aussi à faire confiance au personnel hospitalier qui apporte de l'attention au bébé et qui prend en compte le vécu de l'enfant en soins et séparé de ses parents. Le bébé lui-même a des ressources pour surmonter un temps de séparation sans se sentir complètement perdu même si cette attente ne lui est pas agréable et s'il en a pleuré.

Quand le bébé ou le jeune enfant a vécu une situation difficile, un séjour à l'hôpital comme nous venons de le décrire, par exemple, il a mémorisé certaines images : celle de la chambre peut-être ou de l'entrée du bâtiment. Il n'est pas rare ultérieurement de voir l'enfant se mettre à pleurer quand il se retrouve dans un lieu qui y ressemble. Les semaines ou les mois ont passé, le contexte n'est plus le même, mais le bébé retrouve des éléments de ressemblance, son souvenir du passage difficile est réactivé et lui reviennent des sentiments douloureux qui le font pleurer.

Les adultes ont du mal à comprendre ce qui se passe, là encore, c'est en se mettant à réfléchir à ce qui le perturbe qu'on trouve des explications au comportement de l'enfant.

Denis, 6 mois, a été hospitalisé pour soigner une grave et douloureuse infection urinaire, puis il est retourné régulièrement à l'hôpital pour des examens de contrôle. Un jour, alors qu'il a 15 mois, brusquement, il se met à sangloter quand la famille aborde le couloir d'un hôtel : « c'est que ce couloir tout carrelé de blanc sur les murs ressemble à un hôpital », dit son frère aîné de 6 ans...

Max arrive dans une grande salle du CMPP (centre médico-psychopédagogique), nous faisons connaissance avec cet enfant de 3 ans qui va venir participer à un petit groupe de jeux. Max était bien détendu dans la salle d'attente du lieu de consultation où il vient habituellement rencontrer un médecin-consultant qui nous l'adresse. Sa mère l'accompagne, elle nous dit combien il est content de nous rejoindre, combien il est impatient de commencer le groupe. Mais à peine installé autour d'une table basse d'enfants, entouré de sa mère et moi assises sur des petits sièges, Max regarde autour de lui et se met à gémir et sangloter doucement.

Max a été adopté, ses parents sont allés le chercher alors qu'il était dans une pouponnière « dont les meubles d'enfants ressemblaient à ceux-ci », nous dit la maman... Elle lui en parle et nous l'assurons qu'il va repartir avec sa mère.

La référence sociale

Si nous insistions à la fin de ce premier semestre sur les ressentis du bébé, c'est parce qu'à cet âge l'enfant a acquis une capacité importante : celle de percevoir que « l'autre », les personnes qui l'entourent, ressentent des émotions partageables, il les décrypte et s'aperçoit que lui-même est en concordance avec le ressenti de la personne avec qui il est en relation. Ce développement l'introduit à une dimension de sociabilité. Lui-même peut montrer du chagrin et être affecté par le chagrin de l'autre. D'où l'importance du climat affectif qui l'entoure.

La découverte du monde

Quand tout est harmonieux, le bébé gazouille, joue avec sa voix et crie de plaisir. Il est agréable d'entendre un bébé de la fin du premier semestre, ponctuer une action avec des petits cris.

Lucie, 6 mois, est à plat dos sur le tapis, elle gigote des jambes et des bras. Au-dessus d'elle, il y a le mobile en cerceau, avec des figurines légères qui se balancent quand elle les touche du pied. Ses cris aigus montrent le plaisir qu'elle éprouve alors.

Au cours du second semestre, les bébés apprennent à se retourner sur le sol, à ramper puis à se déplacer. Cette étape du déplacement reste originale pour chacun : certains se font glisser en restant assis, à terre, une jambe repliée sous les fesses, d'autres se mettent debout et n'ont de cesse que de marcher, d'autres font du quatre pattes. Des bébés n'acquièrent la mobilité que lentement, ils sont plus statiques, restent plus volontiers assis, ce qui ne signifie pas qu'ils ne voudraient pas se retrouver à l'autre coin du tapis pour jouer avec un autre objet : ces bébés deviennent vite habiles à appeler les parents par des cris pour leur montrer du doigt ce qu'ils veulent. Mais disons que les bébés découvrent peu à peu et chacun à sa manière, qu'ils vont à la découverte, à la rencontre du monde et à partir du moment où ils se déplacent, par leurs seuls moyens ! Cette possibilité d'explorer en s'éloignant de l'adulte de leur propre chef est jubilatoire ! Ceux qui font du quatre pattes vont et viennent en toute liberté, au gré de leur curiosité, ils TOUCHENT à ce qu'ils veulent ! Enfin presque ! Car même si l'appartement de la famille s'est modifié en fonction du bébé, il reste toujours des zones dangereuses, avec des objets à ne pas approcher. Les parents sont amenés à dire souvent NON et ce, vigoureusement quelquefois. Le bébé arrête alors son action, il semble avoir compris, mais il recommence quelques secondes plus tard.

Le « non »

Sandy a 9 mois, elle maîtrise parfaitement le quatre pattes, va de sa chambre au salon en allers-retours rapides, ce qui met sa mère en alerte vigilante. Aujourd'hui Sandy a décidé de tenter de faire sortir le cache-prise du bas de la porte de sa chambre. Sa mère voit la tentative et dit « NON », Sandy suspend son geste, regarde sa mère, lui sourit, détourne son regard pour le diriger vers les jouets de l'intérieur de sa chambre, sa mère se détourne et s'éloigne, pensant sans doute que l'enfant « avait compris » et allait s'intéresser à autre chose, mais Sandy re-tente avec son petit doigt, de faire bouger le cache-prise. La mère, pas loin, a vu

le geste, revient en montant le ton pour donner un « NON » plus marqué et attrape l'enfant sous les aisselles pour la replacer dans un coin-jeux de sa chambre. Là, Sandy se met à hurler et pleure.

Scène de la vie ordinaire. Sandy est capable de comprendre l'interdiction, mais n'est pas encore capable de garder mentalement l'interdit à terme et de ne pas recommencer. Dans ce cas-là, la maman reste un peu déstabilisée de voir la réaction si violente de sa fille, la console rapidement en continuant de lui expliquer. Mais Sandy va mettre quelque temps avant d'avoir intégré la règle. Elle ne fait pas encore sien l'interdiction de sa mère. A cet âge, l'enfant dit souvent « NON » lui aussi. Il affirme ainsi son autonomie. Il affirme son individualité et sa volonté. Il dit « j'ai ma volonté propre et même si c'est la même que la tienne, elle est différente parce que c'est la mienne »[9].

Mais bien des situations ne se résolvent pas aussi simplement. L'enfant dit « non », se sert d'une force passive pour résister : il ne vient pas quand on l'appelle pour quitter la maison le matin au départ pour la crèche, ne veut pas se laisser mettre ses chaussures, dit du manteau « ça pique ! », se met à chouiner, se débat, le parent voit le temps passer et s'impatiente. À table, il refuse ce qu'il mangeait encore volontiers la veille, ou mange très lentement en faisant tout déborder, si bien que l'adulte se sent « attaqué » : rien ne semble bon et acceptable aux yeux de l'enfant ni la nourriture qu'on lui a préparée, ni les conseils éducatifs de propreté... L'opposition est reine ! Tout risque de mal finir... Les parents se sentent dévalués, incapables

9. René A. Spitz, *Le non et le oui*, Paris, Puf, 1962.

de se faire entendre de leur enfant alors que dans leur travail par exemple ils organisent, règlent des conflits d'équipe, etc. Ils sont tendus, perdent l'humour, la patience et les idées d'astuces qui désamorceraient ces oppositions.

L'opposition

Élodie, 12 mois, a décidé qu'elle mangerait toute seule. C'est une enfant qui a bon appétit et qui montre de l'attirance pour certains goûts. Depuis des mois, elle prend ses repas assise sur sa chaise haute, l'assiette posée sur la tablette, une cuillère dans ses mains ce qui lui permet des « plongées dans la nourriture » de manière autonome, son parent la nourrissant avec une autre cuillère. Elle est installée à la table familiale entre père et mère. Mais voilà, aujourd'hui, Élodie hurle. Du jour au lendemain, elle détourne la tête si on lui propose une cuillerée, porte SA cuillère à SA bouche et ne veut rien d'autre ! Bien sûr, elle y réussit avec une purée suffisamment compacte, mais pas avec la plupart des aliments qu'elle voit dans l'assiette des deux parents à côté, aliments qu'elle aime et qu'elle réclame ! Si ses mains attrapent bien les morceaux de jambon et de fromage ; les yaourts qu'elle affectionne se retrouvent renversés. Le trio se met à des repas faciles pour Élodie, plus de fromage fuyant, plus de soupe, plus de pâtes fines... Et l'enfant se débrouille toute seule avec ces morceaux de pomme de terre ou de banane... Visiblement c'est rude pour elle, mais elle s'y accroche, c'est rude aussi pour les parents et les repas deviennent monotones, mais au bout de quelques jours de cette expérience, la table familiale voit revenir la crème au chocolat et d'autres bonnes choses que l'enfant connaît bien et que ses parents dégustent devant elle et qu'elle n'absorbe pas vraiment même en s'en barbouillant les doigts. « Tout compte fait, on peut encore se faire aider un peu à mon âge », semble avoir admis Élodie, pour quelques mois encore ! Et tout redevient plus souple.

Même si l'enfant est rentré en crèche depuis des mois, il n'est pas rare de le voir se remettre à pleurer, occasionnellement au départ du parent le matin et ce, jusqu'à ses 3 ans. Quelquefois c'est à un retour après une absence prolongée due à une maladie ou à des vacances, d'autres fois parce que quelque événement a bousculé son quotidien : il voulait rester avec sa mère qui était elle-même au fond de son lit, malade, ou hier soir, il a reçu un cadeau pour son anniversaire et il voulait jouer avec, ce matin. Il a pu aussi se passer un incident dans la section et donner de l'appréhension à l'enfant, s'il a été mordu la veille par un copain, il s'en souvient avec la crainte que ça puisse se reproduire le lendemain. Bref, la liste est longue de tous les menus détails qui rendent le démarrage de la journée difficile pour lui.

À chaque fois, repenser à la vie quotidienne de l'enfant, essayer d'imaginer ce qu'il a pu vivre qui perturbe son comportement habituel, aide à le calmer.

Il n'est pas si facile pour un adulte de « penser-bébé », c'est-à-dire d'imaginer la logique qui préside au comportement de l'enfant.

Fabrice, 13 mois, se promène tranquillement, main dans la main avec sa mère, dans les allées d'une résidence. Il stoppe net, se met à pleurer. Il a l'air très effrayé. Mais de quoi ? Le trottoir est large, personne à côté, ni en face, aucun animal terrorisant non plus ! Oui, mais Fabrice regarde ses pieds : il s'est arrêté net devant une grille d'écoulement d'eau, encastrée sur le sol. La mère a marché dessus, sans y prêter la moindre attention, mais lui a vu les écartements de la grille et il a certainement eu peur de tomber dedans !

À son âge, il ne sait pas encore bien évaluer la largeur ni la profondeur : de même que la veille, il voulait rentrer dans la chaussure du poupon, il ne se voit pas aujourd'hui avec des pieds plus larges que les trous de la grille !

La mère le comprend, lui explique qu'il ne craint rien, lui montre qu'elle peut y poser, elle, ses deux pieds, mais lui propose d'avancer en contournant le « gouffre dangereux pour lui » ! Les pleurs cessent.

C'est une anecdote qui fait sourire, encore qu'une réaction impatiente de l'adulte aurait pu faire dégénérer la situation rapidement : l'enfant gardant sa terreur, l'adulte se sentant piégé par une colère de l'enfant injustifiée qu'il aurait qualifiée de caprice...

Les colères

Au cours de la deuxième année, de véritables rages emportent le jeune enfant : il crie, hurle, se jette à terre facilement comme s'il n'y avait là, rien qu'un comportement banal ! Ces crises surviennent plus ou moins fréquemment quand il est débordé par la fatigue (A), quand il ne réussit pas à faire quelque chose (B), quand une décision lui échappe, quand on lui oppose un refus (C) ou/et surtout quand il est frustré.

Pour un enfant jeune qui a besoin de ses larges douze heures de sommeil, régulièrement, il suffit qu'un soir il se couche plus tard, pour que le lendemain il soit fatigué, de mauvaise humeur et se mette à pleurer pour un rien. S'il dort encore facilement à la sieste et s'il est dans des conditions où on peut la lui proposer, il récupère, sinon il accumulera cette fatigue toute la journée, augmentant son intolérance à tout ce qui va le contrarier... Cette réaction banale à 3 ans se retrouve encore bien présente au cours de toute l'enfance et plus tard...

(A) Autour des 2 ans, l'enfant marche bien et refuse souvent la poussette, voulant faire comme les grands, mais il n'est pas rare qu'au milieu du trajet il réclame les bras car il est vite fatigué du chemin parcouru. Là, il est possible ou pas de le porter : la mère peut avoir les bras encombrés de courses ou le trouver trop lourd : des mini-drames se jouent en pleine rue.

C'est le cas d'Élodie, qui à 22 mois n'aime plus se promener en poussette, surtout pour aller au bout de la rue où il y a le marché. Ce lieu est bien intéressant : les maraîchers lui tendent des bouts de fruits, elle est à hauteur de l'étal ou presque du fromager qui la connaît bien et la sait gourmande aussi, bref c'est un paradis de découvertes ! Oui, mais au retour, systématiquement elle refuse de marcher et se fige tout en sanglotant. Malgré les discussions qui précèdent le départ, les promesses faites : « tu marcheras à pied quand on reviendra ? » Le OUI, qu'elle a énoncé n'a plus aucune valeur à ce moment-là et la mère contrariée, chargée, tirant le Caddy® rempli, doit se résoudre à l'attraper dans ses bras pour rentrer, tant bien que mal jusqu'à la maison, heureusement proche !

L'enthousiasme du départ vers l'aventure s'est dissipé et il ne reste que l'astreinte de l'effort devenu trop grand pour Élodie.

(B) Magali, 18 mois, imite comme elle peut sa grande soeur Pauline de 3 ans. Elle la regarde avec admiration et l'envie quand elle monte une sorte de tour en emboîtant des Legos®. Pauline sort, Magali se saisit d'une pièce et veut l'encastrer, tout s'écroule, elle trépigne de rage et d'un geste

brusque casse la construction. Pauline revient, voit tout son ouvrage dispersé, se précipite sur Magali, la pousse en criant puis, en pleurant, va trouver sa mère qui doit consoler les deux filles.

Chez nous le passage dans les hypermarchés où l'on attrape à loisir « ce que l'on veut » ne montre pas à l'enfant que l'on n'achète pas tout et n'importe quoi, à loisir. Il n'est pas rare que des conflits surgissent dans ces lieux autour de ce que le jeune enfant réclame et d'autant plus qu'il peut souvent saisir tout seul l'objet de sa convoitise !

(C) Fabrice, 2 ans et demi, rentre avec sa mère dans un magasin, il réclame un jouet à portée de mains qu'il a déjà attrapé promptement, sa mère lui demande de le reposer, il refuse, se crispe dessus. La mère d'abord explicative et patiente, finit par reprendre le jouet et le replacer sur le rayon. L'enfant se jette à terre, hurle et pleure sous les yeux mi-interrogatifs, mi-agaçés des autres clients. Sa mère est obligée de le prendre dans ses bras de force, lui se débattant, continuant de crier, elle, gênée de se faire remarquer, peut-être jugée mais décidée à faire comprendre cette règle à son fils. Ils sortent du magasin contrariés l'un et l'autre. La mère le prévient qu'elle ne l'amènera plus faire des courses s'il ne comprend pas qu'on n'achète pas un jouet à chaque fois.

Cette mère a choisi de s'en tenir à ce qu'elle pense le plus éducatif pour son enfant et elle a été en mesure de supporter les réactions de son enfant sans se sentir trop affectée. Une autre se serait peut-être emportée, aurait bousculé, voire tapé l'enfant, montrant là son débordement personnel, une autre aurait cédé pour la énième fois.

Face à la frustration qu'ils doivent nécessairement imposer à leur enfant, à un moment ou à un autre, pour les éduquer, bien des parents défaillent, ils craignent d'être rejetés, de n'être plus aimés, voire détestés et ils cèdent. Il est courant de voir les parents accepter systématiquement que leur enfant impose sa loi dans des situations diverses où il aurait dû attendre ou renoncer. La porte est ouverte pour rendre leurs enfants tyranniques, mal adaptés aux frustrations données par les règles de vie sociale, celles du groupe familial d'abord, celles de l'école ensuite, etc. Dès le plus jeune âge, l'enfant doit les rencontrer. Il est essentiel que les enfants apprennent à supporter la frustration et développer la patience.

On mesure combien la confrontation entre parents et jeunes enfants s'avère rude quelquefois.

Cette période ressemble à « une crise d'adolescence », dans ce qu'elle met en scène : l'opposition, la violence des ressentis, les réactions explosives...

Les livres d'enfants sont nombreux à ce sujet, ils illustrent bien comment la colère prend forme et force à l'intérieur du corps puis surgit, semblable à un monstre qui ravage tout ce qui l'entoure comme dans le livre *Grosse colère*[10]. Au cours de cette histoire, le petit garçon se conduit mal en refusant sa soupe, il la balance à terre, son père le punit et il doit monter dans sa chambre. Là, dans son état de rage, il sent un bouillonnement en lui qui sort sous la forme d'une chose rouge en forme d'un bonhomme méchant qui l'incite à tout faire valser autour de lui, ce qu'ils font tous deux, avec délectation. Ils attrapent et jettent meubles et jouets, mais quand l'enfant est sur le point de casser son camion qu'il aime tant, il se ravise, il regarde les dégâts autour de lui, il commence à ranger tandis qu'au fur et à mesure, le monstre-colère rapetisse. Quand il en devient petit et dérisoire, l'enfant se retourne contre lui, l'enferme dans un tiroir. Calmé.

Au cours de ces colères, l'enfant lui-même va se sentir comme un monstre « comme le roi des monstres ». Ce que raconte le fameux album *Max et les maxi-monstres*[11] : Max qui vient de se mettre en colère est puni par sa maman qui lui dit de regagner sa chambre. De cet enfermement Max en sort en se retrouvant au pays des maxi-monstres, horribles énormes bêtes, dragons voraces, mais

10. Mireille d'Allancé, *Grosse colère*, Paris, L'école des loisirs, 2000.
11. Maurice Sendak, *Max et les Maximonstres*, Delpire, L'école des loisirs, 1967.

débonnaires qui intronisent Max dans le statut de « roi des monstres » dans leur jungle luxuriante. Après avoir crié, chanté, dansé dans un défoulement total, arrive le temps de la lassitude, de la nostalgie de la maison et de la mère. Il est temps de regagner la sécurité de sa chambre d'enfant. Ce que fait Max. Il quitte des monstres attristés, repart chez lui, où il retrouve la chaleur de son domicile avec une soupe qui l'attend.

Le jeune enfant a du mal à sortir d'une grande colère, mais il acquiert l'idée que petit à petit, il va y réussir.

Denis, 3 ans, dit à sa grand-mère qui survient en plein drame : « Je te parle tout à l'heure après que je suis calmé ».

Tout peut être prétexte à l'enfant de 2-3 ans pour se mettre en colère, c'est une réaction banale, elle s'avère souvent fugitive : il se jette à terre, crie, prend un visage tout bouleversé et s'arrête net quand on a trouvé les mots magiques pour l'aider à s'en tirer. Mais il y a des rages plus persistantes, où il a besoin de pleurer longtemps avant de se sortir de cet état. Ces colères rageuses sont autant de vécus perturbants qui laissent enfant et parent épuisés. L'enfant éprouve la solidité du parent au cours de ces attaques. Il teste les forces en présence. Après l'orage, le parent doit en sortir indemne. Il ne faut pas que la colère n'ait détruit : ni le parent, ni l'entente entre parent et enfant, ni les interdits que l'adulte a posés. L'enfant retrouve la sollicitude et la protection de ses parents et il ne les assujettira pas. Il reste à sa juste place d'enfant : il ne commande pas et c'est rassurant pour lui !

Si le jeune enfant veut tout contrôler, c'est d'abord ce qui concerne son corps.

L'acquisition de la propreté

Or, à cette période, il acquiert un contrôle sphinctérien qui doit l'amener à devenir propre. L'entrée à l'école se profile avec cette nécessité. Certains enfants disent ou

montrent qu'ils ne veulent plus la couche et le passage à la propreté est quasi immédiat, d'autres commencent à ne plus mouiller leur couche pendant la sieste et il ne la gardent que pour la nuit, on la supprime peu après. D'autres résistent, semblent apeurés à l'idée de « jeter » leurs selles dans la cuvette des toilettes, refusent fortement les sanitaires et pleurent.

L'acquisition de la propreté signe un véritable grandissement de l'enfant. Il doit négocier ce qu'il en est du plaisir à retenir ses selles ou les lâcher quand il veut et comment il veut, avec celui de faire comme les adultes et de leur faire plaisir. Il doit perdre pour gagner, abandonner quelque chose, renoncer à garder pour lui ce qui lui apparaît encore comme faisant partie de lui-même.

Ce travail de détachement n'est pas si simple, il déclenche des craintes, des peurs, voire des angoisses chez certains enfants. Des pleurs intenses les indiquent.

La façon d'aider les enfants dans l'acquisition de la propreté est extrêmement variable d'une époque à l'autre. Dans d'autres temps, on a conditionné des bébés en les maintenant sur le pot dès l'âge de quelques mois, Françoise Dolto a oeuvré pour faire passer dans l'opinion publique la notion qu'on ne pouvait pas demander à un enfant d'être capable de se retenir avant qu'il ne sache descendre des escaliers tout seul. Valoriser cette étape, aider le petit à s'identifier aux grands « faire comme Papa, pipi debout » pour les petits garçons, s'en amuser, évite bien des drames.

Le développement du cerveau à cet âge ne lui permet pas de contrôler ses émotions, qui sont ressenties de manière violente. Les cris, les pleurs et les colères sont des manifestations à prendre au sérieux. Les caprices sont des jugements donnés pour désigner des oppositions de l'enfant à l'adulte, ce sont des mots du registre moral que nous psychologues, n'utilisons pas. Ce qui ne signifie pas qu'il faille ne pas frustrer le jeune enfant. La frustration est inévitable, nécessaire et structurante.

La représentation de la temporalité : « l'épaisseur du temps »

L'attente, le futur par exemple, pour lui est encore compliqué à gérer ou même à se représenter, ce qui occasionne bien des difficultés. C'est au parent, avec calme et diplomatie, de l'accompagner pour qu'il franchisse ces étapes.

Mi-décembre, Yoan, 2 ans, est dans sa poussette-canne, sa mère s'arrête devant une décoration de Noël qu'elle lui fait admirer « C'est Noël » dit Yoan, « non, c'est pour le préparer », répond la maman, « NON, c'est Noël », rétorque Yoan en haussant le ton. « On décore la rue comme on va le faire à la maison pour attendre Noël, » redit la maman, « C'EST Noël ! C'EST Noël ! » se met à hurler l'enfant, devenant tout rouge de colère, les larmes lui montant aux yeux et se tortillant fortement dans la poussette. « Ok, ok, c'est un peu Noël, après ce sera BEAUCOUP Noël » dit la maman en se mettant accroupie à son niveau et en insistant sur le « beaucoup ». Yoan se calme, la promenade reprend.

Yoan a du mal à comprendre ce qu'est cette fête de Noël, il n'avait que 1 an l'an passé. La fête spécifique avec les décorations et les cadeaux, il la découvre pour la première fois cette année et puisque la rue est différente, les vitrines enluminées et décorées c'est que : « C'est Noël ! »

Yoan n'est pas toujours aux prises avec ces oppositions et ces colères, ce qui n'est pas le cas de Mélinda.

Mélinda a 2 ans et demi, plutôt grande pour son âge, on lui donne quelques mois de plus d'autant qu'elle parle et raisonne parfaitement, elle dessine déjà des bonhommes très élaborés. Son développement rapide fait l'admiration de son entourage. Elle a une petite sœur de 10 mois de moins qu'elle.

Mélinda a marché à 11 mois et elle est précoce en tout, elle veut tout faire par elle-même et ne supporte pas qu'on l'aide. Remarquablement futée, elle réussit bien des choses, mais pas tout et alors, elle se met terriblement en colère, n'acceptant pas les explications. Ses demandes restent impératives, elle ne tolère pas l'attente. Vis-à-vis de sa jeune sœur, elle est tyrannique, voire agressive, d'autant que cette dernière commence à lui tenir tête. La rivalité s'exprime aussi vis-à-vis de sa mère : elle accepte d'être plus facilement consolée par son père, elle est plus calme avec lui seul, et s'interpose systématiquement dans le couple des parents quand ils sont ensemble, se montre câline avec son père et difficile, voire agressive envers sa mère... un cercle vicieux de cris et de colères est en train de s'installer entre parents et enfants, ce qui les amène à consulter pour calmer le jeu.

Encore la séparation

Liés à des problèmes de gestion de la séparation, nous rencontrons souvent à cet âge, des soucis qui concernent les moments de transition : quitter un lieu ou une activité pour passer à autre chose devient difficile, nous évoquions le départ, le matin du domicile qui peut se comprendre en terme de difficulté à commencer la journée, à quitter sa chambre, ses jouets et puis, peu après, ses parents. Mais d'autres transitions plus anodines entraînent des résistances de l'enfant jeune : lâcher, renoncer, continuer un jeu, s'éloigner et s'adapter au rythme impulsé par le parent, demandent des efforts qui coûtent à l'enfant et lui occasionnent bien des chagrins si les parents ne le connotent qu'en terme d'opposition à l'adulte, sans décoder la difficulté que l'enfant éprouve et qu'il doit réussir à surmonter.

Au départ de la maison, la poupée qui suit tous les déplacements, l'évocation de ce qui va être intéressant au cours du chemin, donnent consistance à ce futur proche qu'il faut aller affronter. Les parents ne tarissent pas d'idées ingénieuses : à pied c'est telle vitrine qu'on va regarder ou telle personne qu'on va certainement rencontrer comme tous les matins. La description du déroulement de ce qui suit, des copains et des jeux que l'enfant va retrouver à la crèche peuple l'imagination de l'enfant, le prépare, l'aide à anticiper de manière heureuse. Sinon, la détresse de l'enfant peut s'enkyster dans des oppositions importantes. Surtout si on le traite de « méchant ».

L'estime de soi

L'enfant craint vite de ne pas se sentir aimé, avec une nette représentation de ce que cela implique, du rejet et de la dévalorisation : « Je suis méchant, on préfère mon petit frère » ; « C'est pas pour moi, j'y ai pas droit parce que je suis méchant ».

Ces idées peuvent d'autant mieux trotter dans sa tête, qu'on l'a qualifié d'adjectifs péjoratifs, c'est le cas quand on lui a dit : « T'es un vrai pleurnichard, t'es pas drôle » ou « T'es méchant », plutôt que lui avoir dit :

« Tu as fait mal à ton petit frère ». L'action réprouvée ne disqualifie pas la personne, ne la blesse pas ni ne l'enferme dans un mauvais rôle dont elle aura de la peine à se départir ultérieurement. Le sentiment d'estime de soi se construisant, l'enfant a besoin de ne pas être dévalorisé aux yeux de ses proches, même s'il les a excédés. L'enfant, pas trop éloigné encore de sa « toute-puissance infantile », vit intensément ce qui se joue autour et avec lui, il s'oppose mais se sent vite responsable, voire coupable des déconvenues de son entourage. Si Papa et Maman se séparent, c'est peut-être à cause de lui, se dit-il, parce qu'il n'a pas obéi, qu'il s'est montré méchant.

Manifestations anxieuses-rivalités

Le jeune enfant, autour de ces âges, vit des émotions liées au complexe d'Oedipe : de manière plus ou moins consciente, il se trouve séduit par le parent du sexe opposé, il rêve de bébés donnés par ce parent qu'il porterait lui-même et souhaite supplanter l'autre parent qu'il jalouse et dont il craint une vengeance en rétorsion (par exemple la castration pour le petit garçon). C'est une période d'aménagements psychiques importants auxquels il doit faire face, comme renoncer à des satisfactions immédiates . il faut attendre de devenir adulte pour avoir un bébé ou accepter des renoncements liés à la reconnaissance de la différence des sexes et de leurs attributs ou capacités (pour le garçon, admettre que c'est la fille qui portera un bébé dans son ventre), etc. Ces turbulences se répercutent dans ses relations familiales et peuvent susciter des oppositions, des conflits, des cris et des pleurs ou des manifestations incompréhensibles.

Jean, 3 ans, revient d'une promenade avec sa baby-sitter, *étudiante en psychologie : de manière imprévisible, il se met à sangloter et à trembler. Ils s'arrêtent et la jeune fille essaie de comprendre ce qui se passe : est-ce qu'il a mal quelque part ? NON, est-ce qu'il a pensé à quelque chose qui lui ferait peur ? NON, est-ce qu'il ne veut pas rentrer ? NON, mais reprenant son souffle, Jean dit : « les arbres ! Les arbres » !*

C'est l'automne, on vient d'élaguer les branches des platanes qui jonchent le sol. Cette image est source d'angoisse pour ce petit garçon qui vit intensément cet événement comme une mutilation douloureuse pour l'arbre.

La sensibilité de la jeune fille a permis qu'il exprime ses peurs et qu'elle puisse le consoler, car les branches repoussent, elles !

Dire son malaise, exprimer ses émotions, voir que l'autre les prend en considération, dès le petit âge, prépare à savoir échanger, à savoir communiquer à l'âge adulte. Les parents ont à prendre au sérieux ce qui contrarie les

petits de 2-3 ans, dont les manifestations de chagrin sont graves, mais qui savent déjà dire « j'ai peur, je veux pas ».

À la maison, le groupe de la fratrie accueille les rivalités et les jalousies qui amènent des disputes répétitives entre les enfants avec des attaques, des griffures, des coups et des morsures. Les cris et les pleurs accompagnent bruyamment ces confrontations.

La naissance d'un puîné, le moment où ce dernier refuse de se laisser « commander » par l'aîné de moins de 3 ans par exemple, où le plus jeune attrape tout sur son

passage, montre que lui aussi décide, entraîne bien des réactions de la part du grand. Ce dernier passe par de la colère, des cris, de l'agressivité ou de la dépression.

Ces tiraillements dans la fratrie, ces jalousies, ces affrontements sont inévitables. Le parent est là pour parer aux actes violents ou pour les réguler, en veillant à ce que les enfants apprennent, au fur et à mesure qu'ils grandissent, à s'apaiser entre eux.

Un enfant calme chez son assistante maternelle peut se montrer coléreux et tyrannique chez lui, au terme d'une journée. « Ce n'est pas le même enfant » disent les parents, plutôt rassurés de savoir qu'à l'extérieur il « sait se conduire », mais dans son cadre familial les émotions se donnent libre cours.

Le climat du groupe familial va avoir une grande importance alors, car comment apaiser un enfant de 3 ans si les parents ont l'habitude de crier, de se disputer violemment devant lui ? Si on laisse les ainés taper le plus jeune ? L'éducation passe par l'imitation des attitudes des adultes ou des plus grands.

Au cours d'épisodes violents d'opposition, certains enfants font « un spasme du sanglot » : la colère se déclenche avec son cortège de cris rageurs, ils hoquètent, le souffle se raréfie. La forme la plus courante est dite BLEUE : l'expiration de l'enfant se prolonge, il reste la bouche ouverte, devient bleu, quelquefois si l'apnée persiste, il perd connaissance. Son tonus a chuté, il a les yeux révulsés. Mais il sort de cet état rapidement et se réveille sans séquelle. Une deuxième forme plus rare est dite PÂLE : sans un cri, l'enfant devient pâle et perd connaissance. Il fait une syncope, un malaise cardiaque. Les deux formes peuvent se combiner. Après 5 ans environ, ces spasmes disparaissent.

Ce malaise spectaculaire est particulièrement inquiétant pour son entourage bien qu'il n'entraîne pas de conséquence physique. Le spasme ne se produit pas quand l'enfant n'a pas de témoin. Les peurs saisissent les parents bien qu'il suffise que les choses se passent... Ces réactions de l'enfant ont du mal à être gérées, elles installent souvent des surprotections d'un enfant qui en devient tyrannique.

Les conséquences se retrouvent dans les difficultés inter actives de la famille. Les accords et désaccords des parents sur les réponses à donner ont une influence sur les devenirs.

En crèche chez les moyens et les grands, le groupe de pairs est le lieu de bien des expériences de frictions diverses. Le langage, même s'il est installé chez nombre d'enfants de 2-3 ans, se voit précédé souvent encore par le geste. On observe que les jouets sont un objet de convoitise, d'ailleurs c'est le jouet pris par l'autre enfant qui est intéressant, pas celui posé à côté, identique pourtant ! Dans les mains de l'autre enfant, le jouet prend vie, c'est du plaisir de l'autre dont l'enfant est envieux et il peut se mettre à pleurer, à vouloir le posséder ! Les jouets sont arrachés des mains et un désaccord se manifeste bien facilement par une bousculade quand ce n'est pas par un coup qui lui est porté ou par un objet jeté à sa tête, voire par une morsure !

Bien sûr, ces cris, ces pleurs et la colère sont au rendez-vous régulièrement.

L'attention de l'auxiliaire ou de l'éducateur de jeunes enfants, sa capacité à contenir le groupe, à l'organiser pour gérer l'excitation qui se diffuse facilement, à entourer plus particulièrement celui qui risque de réagir le plus violemment, vont œuvrer pour que les enfants ne passent pas trop de temps dans les pleurs. Le rôle de contenance des professionnels de la petite enfance est essentiel, il participe à la socialisation du jeune enfant. Il est important de valoriser la formation de ces professionnels et pour les parents qui confient leurs enfants, de s'en préoccuper.

Les règles de vie en groupe sont à intégrer dès à présent. Elles disent que l'on doit être à même d'attendre son tour, puisqu'on est assuré qu'il viendra (pour avoir l'attention de son auxiliaire ou son repas), qu'on ne hurle pas pour demander quelque chose, qu'on ne s'écharpe pas si on n'est pas d'accord avec son copain, qu'on ne fait pas mal exprès.

Le tout-petit qui a d'abord été soumis à sa vie pulsionnelle va apprendre à « l'enrober, la discipliner », il s'humanise et se socialise.

Il est interdit de se dévorer, de s'entre tuer, d'épouser son parent, les deux sexes sont différents, seule la femme donnera naissance à un bébé : ces limites et interdits essentiels, structurants se mettent en place. Le langage partagé introduit la Loi.

Ce sont plutôt des conflits maintenant qui entraînent des pleurs, c'est-à-dire des oppositions entre des désirs et des interdits ou entre des contradictions internes : nous avons vu Mélinda protester pour marquer son individualité, mais en même temps, elle a besoin d'une proximité rassurante et de s'endormir tout près de son parent pour ne pas être aux prises avec des angoisses diverses et trouver le calme.

Ces angoisses se focalisent chez elle comme chez beaucoup d'enfants, sur des peurs de l'obscurité ou du loup qui se cacherait dans un coin de la chambre avec surtout la peur d'être abandonnée.

Entre 2 et 3 ans, l'enfant met en place la différence entre ce qu'il imagine et ce qu'il rencontre dans la réalité. Il faut un certain temps pour que la frontière soit nettement tracée et étanche. Même s'il maîtrise le « faire semblant », le jeu d'imitation où il joue à être « la maman ou le papa qui fait la cuisine », il peut croire de bien des choses, que c'est « pour de vrai ». Aussi, des menaces qu'on lui adresserait deviennent graves, très inquiétantes : « Si tu continues à pleurer, je te laisse là ! » dit un parent excédé et l'enfant hurle de plus belle...

Des petites phobies apparaissent à cet âge : l'enfant qui attrapait les fourmis se met à crier dès qu'il en aperçoit une ! Le chien fougueux du voisin devient un monstre dangereux pour lui...

Le récit de contes traditionnels met en scène toutes ces craintes, les métaphorise et leur donne une issue. De manière ludique toutes ces angoisses sont traitées : *Le petit poucet* sauve ses frères de l'abandon dans la forêt hostile et de la voracité de l'ogre, les enfants retrouvent leurs parents à la fin de l'histoire et rapportent le trésor de l'ogre !

Le loup qui a mangé les biquets, finit le ventre rempli de pierres et noyé.

Les histoires traditionnelles qui racontent la violence, le danger, les peurs apparaissent souvent aux adultes comme trop menaçantes : les enfants les aiment parce qu'elles montrent ce qui les agite intérieurement et un chemin à prendre pour les dépasser. C'est un excellent moyen d'exorciser ses peurs, en s'identifiant au héros du récit.

Conclusion

Accompagner le développement de l'enfant est une tâche difficile : Freud disait que le métier de parent était impossible, faites ce que vous voulez au niveau éducatif, ce sera toujours contestable. Oui, MAIS si les visées éducatives changent au fil du temps et d'une Culture à l'autre, comme ont varié et continuent de varier les conseils de puériculture, de grands repères servent d'armature à notre réflexion : le bébé naît immature, il a besoin des soins des adultes pour survivre et se développer. Selon la façon dont il a été « materné » (on devrait dire « parenté » !), selon la façon dont il a vécu ses premières interactions, puis sa première éducation, il intègrera de manière différente son agressivité, construira sa personnalité, se vivra d'une certaine façon dans le groupe social, aura une bonne base pour aimer et se faire aimer.

Bien sûr, tout n'est pas joué à l'âge de 3 ans. La construction psychique n'est pas terminée. Elle se remanie. Le temps de l'adolescence va être l'occasion de mutations. Mais nous avons vu combien ce démarrage est important, combien le développement entre 0 et 3 ans est fulgurant, combien l'apprentissage de la gestion de ses émotions au petit âge va jouer un rôle dans le futur.

Se préoccuper des cris, des pleurs et des colères du bébé et du jeune enfant s'avère essentiel.

Table de matières